최은영
창작 모임 '작은 새' 동인이며, 작가이자 번역가, 기획 편집자로 활동하고 있습니다. 가끔 가사를 짓고, 뮤지컬 대본도 씁니다.
발효 요정이 빚어낸 마법의 결과물 가운데 파란 곰팡이가 가득 피어난 치즈를 가장 좋아하지요.
쓴 책으로 《일곱 개의 방》《한숨 구멍》《나는 그릇이에요》《불어, 오다》《살아갑니다》 등이 있습니다.

이희은
대학에서 의상디자인을 공부했습니다. 아이들이 좋아서 어린이책에 그림을 그리기 시작했어요.
발효 요정이 만들어 낸 음식을 입안에 가득 채우면, 마법에 걸린 것처럼 행복해진답니다. 쓰고 그린 책으로 《콩콩콩》《눈이 오면》,
그린 책으로 《주렁주렁 열려라》《일기 먹는 일기장》《토끼 씨, 시금치 주세요》 등이 있습니다.

이정모
연세대학교와 같은 대학원에서 생화학을 공부하고 독일 본 대학교에서 유기화학을 연구했습니다. 안양대학교 교양학부 교수와
서대문자연사박물관장, 서울시립과학관장을 거쳐 국립과천과학관장으로 일하면서 대중의 과학화를 위한 저술과
강연 활동을 하고 있습니다. 지은 어린이책으로 《우리는 물이야》《과학자와 떠나는 마다가스카르 여행》《내 방에서 콩나물 농사짓기》
《유전자에 특허를 내겠다고?》《책 짓기》《나는야 초능력자 미생물》《꽃을 좋아하는 공룡이 있었을까?》 등이 있습니다.

초판 1쇄 인쇄 2021년 7월 12일 | 처음 펴낸 날 2021년 7월 26일
지은이 최은영 | 그린이 이희은 | 감수 이정모
펴낸이 최금옥 | 편집 최은영 | 디자인 Studio Marzan 김성미
펴낸곳 이론과실천 | 등록 제10-1291호
주소 서울시 영등포구 양평로21가길 19 우림라이온스밸리 B동 512호
전화 02-714-9800 | 팩스 02-702-6655

ISBN 978-89-313-8137-5 77590
값 13,000원

* 본 책은 저작권법에 의해 보호를 받는 저작물이므로 무단 전재와 복제를 금합니다.
* KC마크는 이 제품이 공통안전기준에 적합하였음을 의미합니다.
* 잘못된 책은 바꾸어 드립니다.

 의 어린이책 브랜드입니다.

보글보글 발효요정

최은영 지음 + 이희은 그림 + 이정모 감수

안녕? 우리는 발효 요정들이야.
숲속 나무나 과일 껍질에 누워서 나른하게 잠들어 있지.

적당히 따뜻한 햇살이 내리쬐고
적당히 시원한 바람이 불어오면,
우리는 기분이 마구 좋아지면서 신나게 놀고 싶어져.
세상에 온갖 마법을 부리면서!

우리는 수천 년 동안 사람들 곁에 있었어.
세상에 없던 신기한 맛을 내고, 음식에 영양을 듬뿍 담고,
빨리 상하는 음식을 오래 보관하도록 도와준단다.
신기하지?

효모 요정들이 마법을 부리면 무슨 일이 일어날까?

사카로미세스

1 잘 여문 밀을 수확해서

2 돌로 빻아 밀가루로 만들어.

5

사카로미세스

세레비시아!

바람을 타고 날아가 빵 반죽 위에 앉아 볼까?
시큼하고 달콤한 맛
폭신하고 부드러운 맛
전부 나에게 맡겨!

3 밀가루를 체로 곱게 쳐서

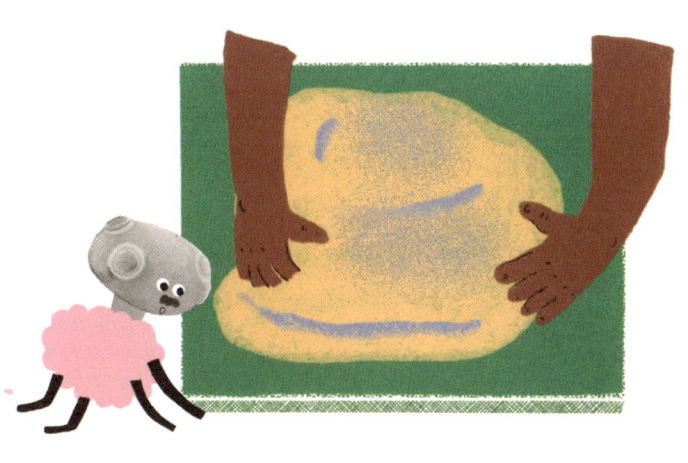

4 조물조물 동그랗게 반죽해.

6

뜨거운 토기 속에서
부글부글 공기 방울을 만들어라!
빵 반죽이 커다랗게
부풀어 오른다!

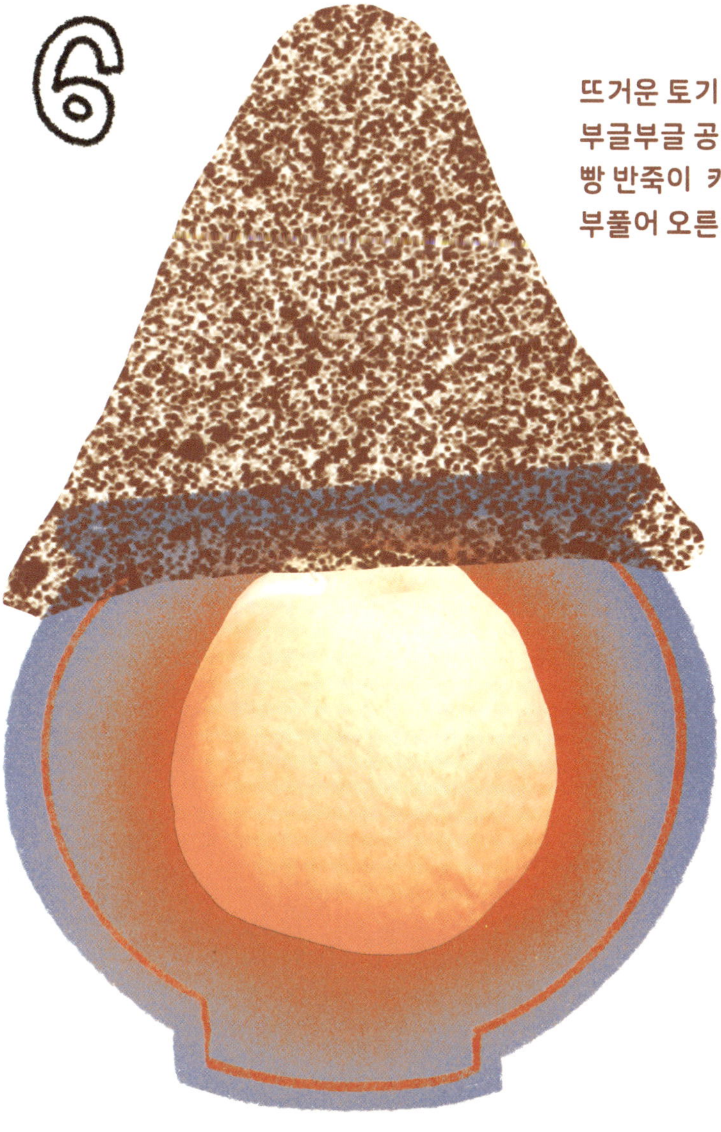

폭신폭신 맛있는
빵 완성!

1. 축축한 곳에서 보리 싹을 틔우자.

2. 보리 싹을 뭉쳐서 뜨거운 불에 굽자.
우리는 덩어리 속 깊숙이 들어갈 거야.

3. 풍덩! 구운 덩어리를 물속에 넣고 부글부글 끓이자.

뜨거운 용암처럼 부글부글 끓어라, 끓어라, 끓어올라라!
공기 방울아, 뜨겁게, 뜨겁게 떠올라라!
쓰고 달고 짜릿한 맛이 나는 물로 바뀌어라!

사카로미세스 세레비시아!
브레타노미세스!

맥주 완성!

4

유산균 요정들과 곰팡이 요정들이 힘을 합치면 어떤 일이 일어날까?

바실루스

아스페르길루스

여기 숨자!

1 볏짚을 뜨거운 물에 씻어.

2 볏짚을 햇볕에 말려.

3 콩을 물에 불려서

4 폭폭 부드럽게 삶은 다음

5 나무틀 속에 넣고 꾹꾹 밟아.

6 네모난 메주 완성!

메주 속으로 어서 들어가자!

7 잘 마른 볏짚 위에 메주를 며칠 재웠다가

마법을 부려 볼까?

나도 도와줄게!

8 메주를 볏짚으로 매달아서 말려.

9

바실루스 서브틸리스!

딱딱한 콩아,
구수하고 부드러운
된장이 되어라!
곰팡이 요정들아,
우리와 함께하자!

아스페르길루스 오리제!

4 엉겨 붙은 우유를 휘저은 다음

5 면보에 넣고 물기를 짜.

6 예쁘게 모양을 만들어서

7 동굴이나 지하실에서 보관해.

8 페니실륨 로퀘포르티!

신기한 파란색 털아, 돋아나라!

요구르트도 완성!

큼큼하면서도 고소하고 짭조름하면서도 부드러운 발효 치즈 완성!

1. 잘 익은 포도를 조심조심 따자.

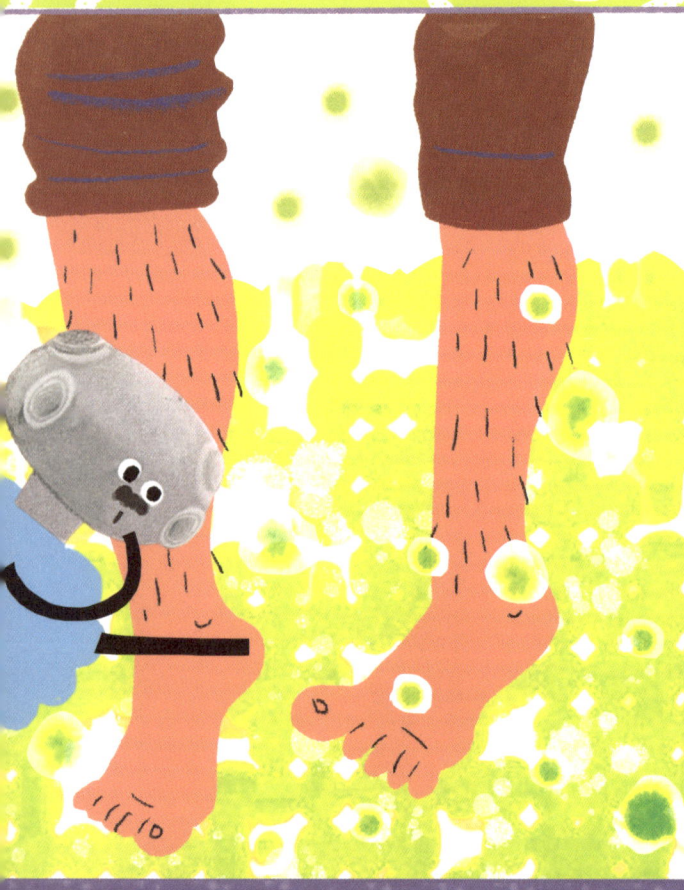

2. 포도알을 발로 꾹꾹 밟은 다음

3. 커다란 참나무통에 넣고 한참을 기다려.

4

공기 방울아, 톡톡 터져라!
달콤하고 나른한 맛
기분 좋아지는 맛
전부 나에게 맡겨!

사카로미세스 세레비시아! 브레타노미세스!

달콤한 포도 향기,
근사한 나무 향기 가득한 와인 완성!

아세토박터

이젠 시큼 요정들의 마법을 보여 줄게!

효모 요정들도 함께할게!

1 빨간 오미자, 초록 매실을 따서

5

달콤한 설탕아, 만나서 반가워.
함께 즐거운 거품 만들기를 해 보자.

앗!!

아세토박터!

2 꼭지를 딴 다음

3 깨끗하게 씻어.

4 잘 마른 열매들에 설탕을 듬뿍 뿌리고 기다리면……

6

열매야, 열매야, 이제 때가 왔단다.
달콤한 설탕물에 풍덩 빠져 보렴.

새콤달콤 발효 음료 완성!

시원하고.

달콤하고.

향긋하고.

빨갛고.

새콤하고.

노랗고.

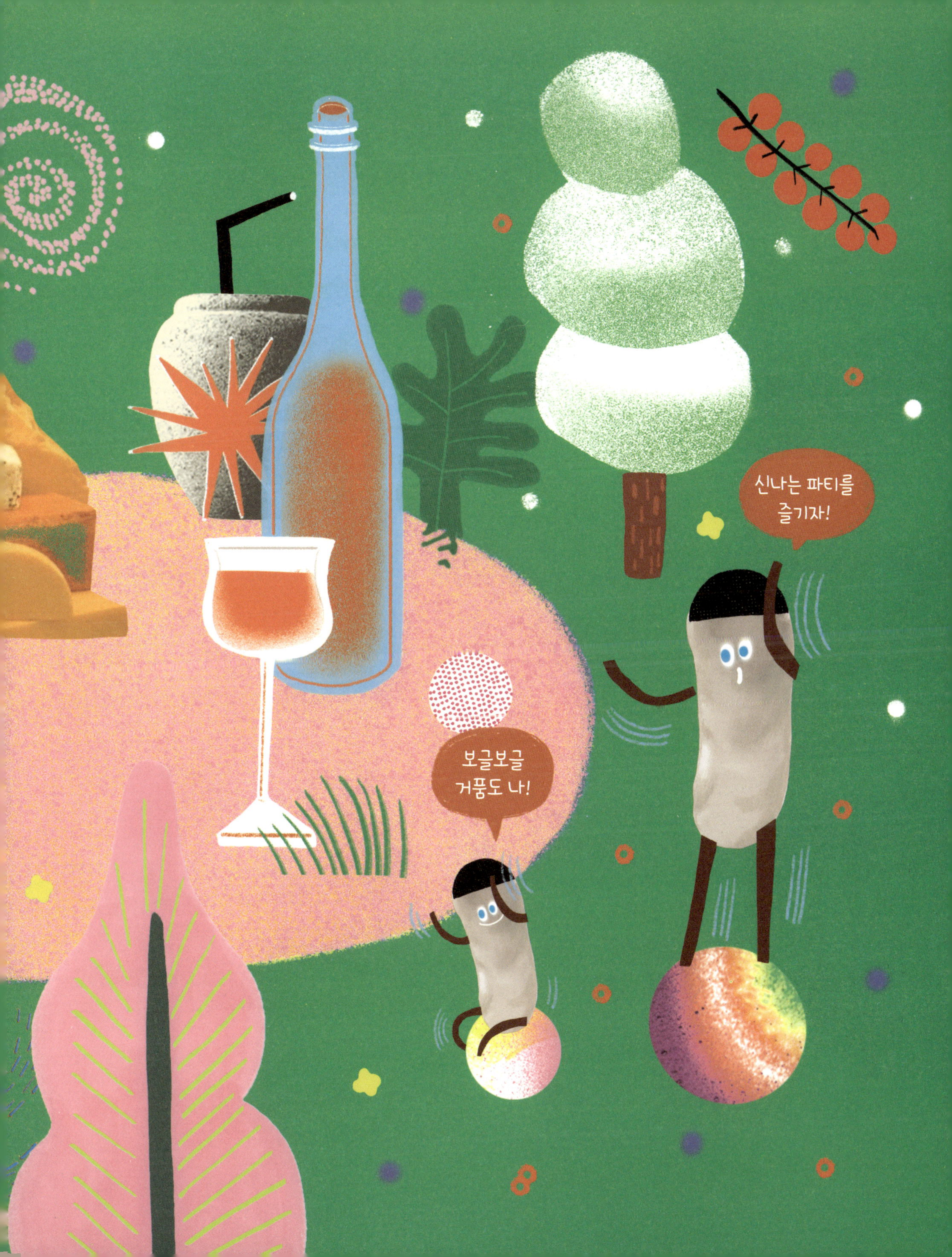
신나는 파티를 즐기자!
보글보글 거품도 나!

물고기를 오래 보관하고 싶어? 유산균 요정들을 불러 줘!

페디오코쿠스

브레비박테륨　미크로코쿠스

1 새우, 물고기, 오징어를 소금물에 씻어.

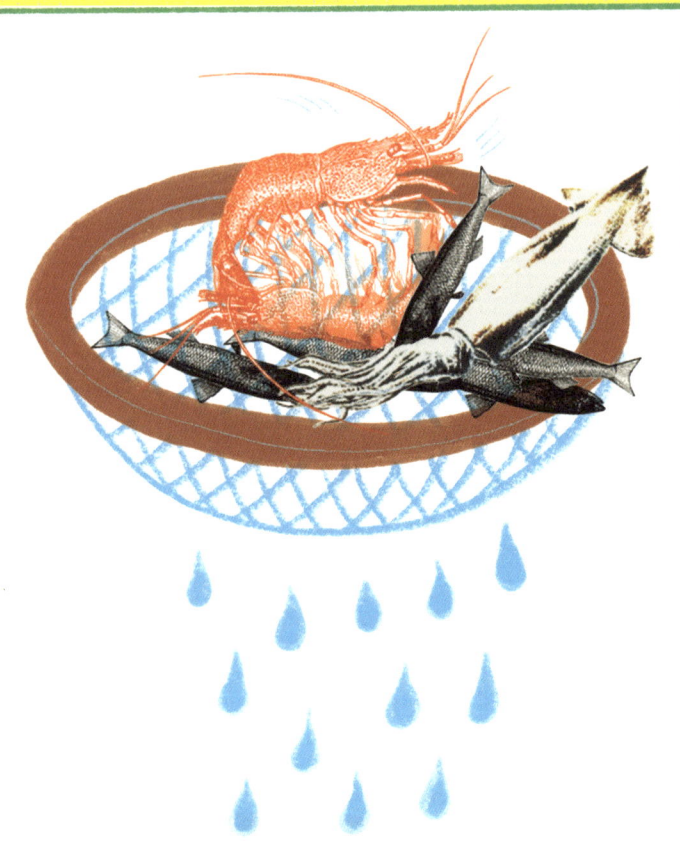

2 탈탈 털어 물기를 뺀 다음

3 톡톡톡 소금을 뿌려.
소주랑 물, 찹쌀 풀을 함께 넣어도 돼!

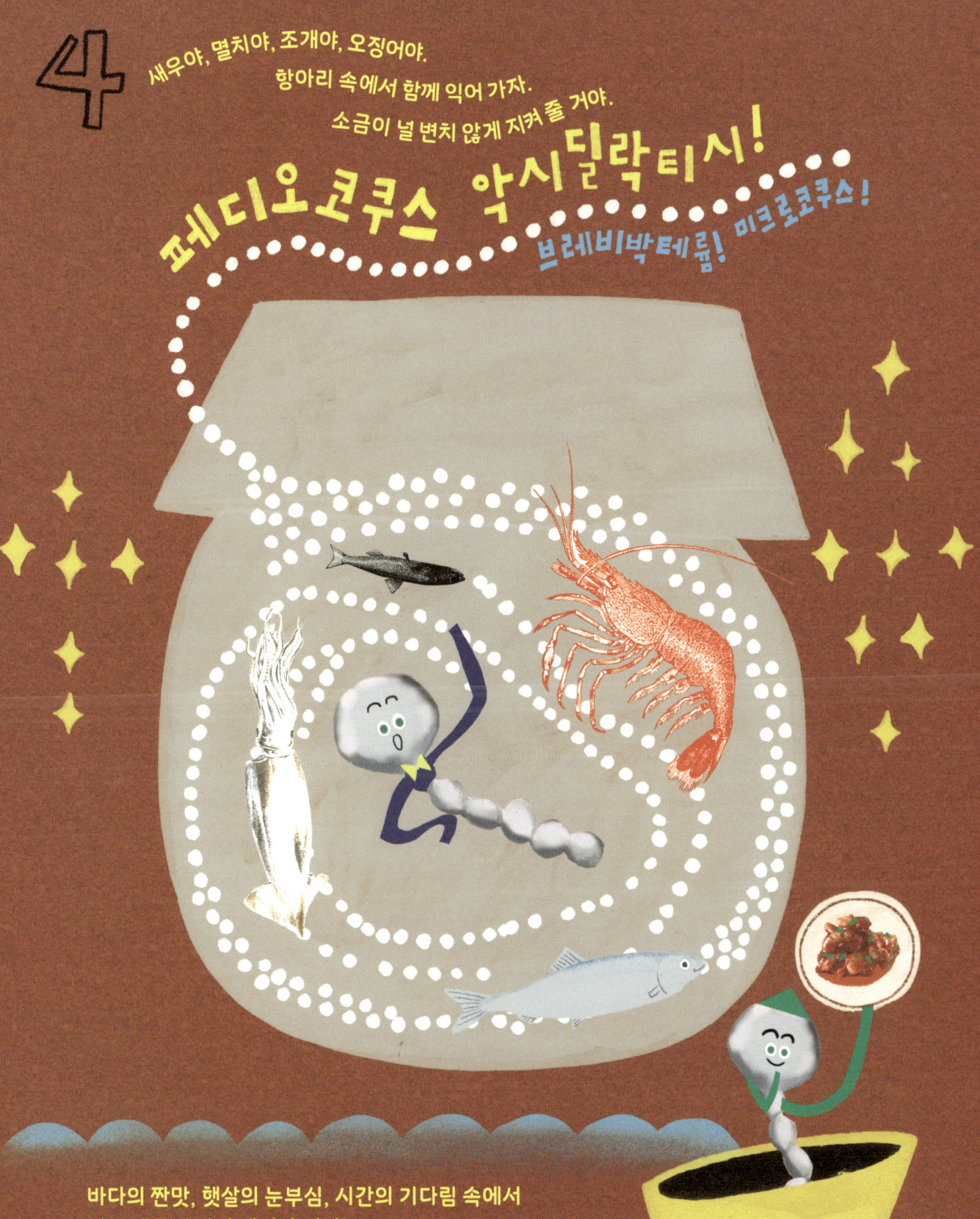

1 배추를 잘라 소금에 절여.

2 배추를 씻어서 물기를 뺀 다음

3 배추 속에 양념이랑 젓갈을 넣어.

4 차곡차곡 항아리에 보관해.

5

짭조름한 배추 속에서
우리는 열심히 숨을 쉬며 일을 해.
공기 방울이 톡톡 터질 때마다
배추는 새콤하고 향기롭게 변신해.

락토바실루스!

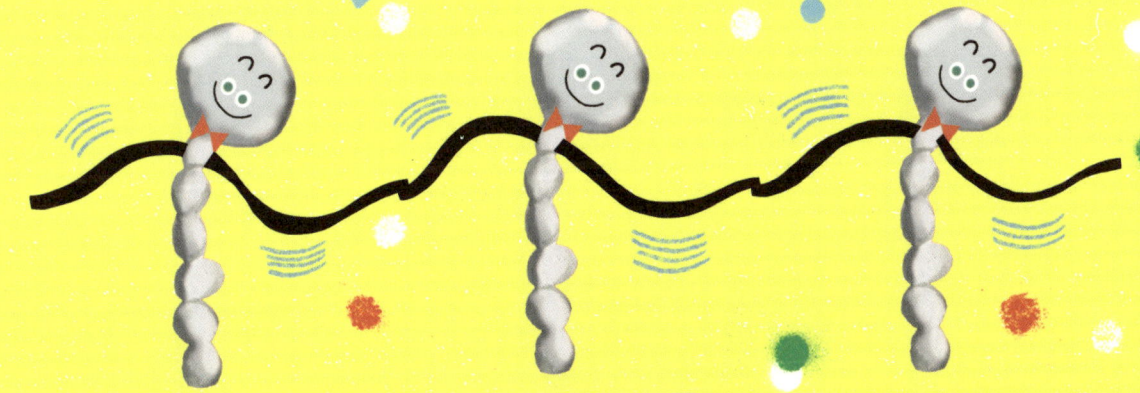

류코노스톡!

영양 만점 맛 좋은 김치 완성!

류코노스톡

흰 눈이 내리는 추운 겨울이 되면
우린 따뜻한 땅속에서 봄을 기다려.
너무나 작아도, 보이지 않아도
세상엔 우리 같은 발효 요정이 수없이 많아.
과일 껍질, 볏짚, 너의 발가락 사이에도 우리가 있어.
마법의 주문처럼 속닥속닥 우리 이름을 불러 줄래?
금방 달려갈게!